Pierre AUBRY

La Rythmique Musicale

DES TROUBADOURS ET DES TROUVÈRES

PARIS
HONORÉ CHAMPION
LIBRAIRIE ANCIENNE ET MODERNE
5, *quai Malaquais*, 5

1907

La Rythmique Musicale

DES TROUBADOURS ET DES TROUVÈRES

DU MÊME AUTEUR

Le rythme tonique dans la poésie liturgique et dans le chant des églises chrétiennes au moyen age. Paris, P. Geuthner (1903). 7 50

Un coin pittoresque de la vie artistique au XIIIe siècle. Paris, A. Picard (1904). 1 50

La chanson populaire dans les textes musicaux du moyen age. Paris, Champion (1904). 1 50

Quatre poésies de Marcabru, troubadour gascon du XIIe siècle (en collaboration avec MM. A. Jeanroy et Dejeanne). Paris, Picard (1904). . 1 50

La chanson de Bele Aelis par le trouvère Baude de la Quarière (en collaboration avec MM. J. Bédier et R. Meyer). Paris, Picard (1904). . . 2 50

Esquisse d'une bibliographie de la chanson populaire en Europe. Paris, A. Picard (1905). 5 00

Au Turkestan. Notes sur quelques habitudes musicales chez les Tadjiks et chez les Sartes. Paris, Demets (1905). 1 50

Les Caractères de la Danse. Histoire d'un divertissement pendant la première moitié du XVIIIe siècle, avec un portrait en héliogravure de Mlle Prévost et une réalisation de la partition originale de J.-F. Rebel (en collaboration avec M. E. Dacier). Paris, Champion (1905). 5 00

A propos de dictée musicale. Paris, au Bureau d'édition de la « Schola Cantorum » (1906). 1 00

La musique et les musiciens d'église en Normandie au XIIIe siècle, d'après le « Journal des visites pastorales » d'Odon Rigaud. Paris, Champion (1906). 3 50

Un « explicit » en musique du Roman de Fauvel. Paris, Champion (1906). 1 50

En marge de la théorie musicale : un théorème inédit relatif a la transposition. Paris, au Bureau d'édition de la « Schola Cantorum » (1907). 1 00

Estampies et danses royales. Les plus anciens textes de musique instrumentale au moyen age, avec quatre fac-similés en phototypie. Paris, Fischbacher (1907). 7 50

Recherches sur les « tenors » français dans les motets du XIIIe siècle. Paris, Champion (1907). 3 50

Recherches sur les « ténors » latins dans les motets du XIIIe siècle (en collaboration avec M. A. Gastoué). Paris, Champion (1907). 2 50

Pierre AUBRY

La Rythmique Musicale

DES TROUBADOURS ET DES TROUVÈRES

PARIS
HONORÉ CHAMPION
LIBRAIRIE ANCIENNE ET MODERNE
5, *quai Malaquais*, 5

1907

TIRAGE A PART

DE

LA REVUE MUSICALE

juin-juillet 1907

La Rythmique musicale

DES TROUBADOURS ET DES TROUVÈRES

EXAMEN CRITIQUE DU SYSTÈME DE M. HUGO RIEMANN

Il n'est pas, croyons-nous, dans le domaine musicologique, de problème plus attachant et dont la solution doive être plus féconde que l'interprétation des mélodies, dont les troubadours et les trouvères du moyen âge accompagnaient leurs chansons : ceux-ci, en effet, comme les lyriques de la Grèce antique, n'ont compris leur art que dans l'intime union de la musique et de la poésie, des vers et du chant.

Les manuscrits nous ont conservé, de ce fait, un trésor mélodique d'une richesse inouïe. Nous avons là véritablement les premiers monuments de la musique française. Toutefois leur abord est une désillusion ; ces mélodies restent froides et sans vie ; elles sont séparées de nous par une notation dont le sens est obscur, par une technique qui n'est plus la nôtre et qui est souvent en opposition avec elle : il faut leur rendre un sens musical qui n'apparaît plus de lui-même, une signification dont le siècle qui les vit naître a emporté le secret.

Plusieurs érudits s'y sont employés, mais la diversité des résultats auxquels ils ont abouti ne nous laisse que mieux entrevoir le néant de leurs recherches. Que reste-t-il au regard de la critique de tout ce qu'ont écrit et publié Laborde, Perne, Fétis, Ambros même et quelques autres ? Il faut arriver aux travaux de M. Hugo Riemann pour que l'œuvre monodique des poètes lyriques du moyen âge français entre réellement dans l'histoire musicale (1). Le premier, il a proposé un

(1) C'est principalement dans ses articles du *Musikalisches Wochenblatt* que Riemann a étudié ce problème :

Die Melodik der deutschen Minnesänger, 1897, nos 1 à 5.

Die Melodik der Minnesänger, 1897, nos 29 à 38.

Die Rhythmik der geistlichen und weltlichen Lieder des Mittelalters, 1900, nos 22 à 26, 33 et 34.

Die Melodik der Minnesinger, 1902, nos 29 à 33.

Die Melodik der Minnesänger, 1905, nos 43 à 48.

Enfin, Riemann donne dans son *Handbuch der Musikgeschichte*, p. 224 et ss. (1905), l'exposé de sa méthode.

système cohérent relativement à l'interprétation de ces mélodies. Riemann a fait école en dehors de la France : de très bons esprits et des chercheurs consciencieux ont suivi la voie tracée par lui. Or, Riemann nous a fait précédemment l'honneur de s'occuper longuement de notre publication, *Les plus anciens monuments de la musique française* ; une politesse en vaut, dit-on, une autre et, très amicalement, nous lui rendons aujourd'hui sa visite. Nous ne croyons point, disons-le tout de suite, que Riemann ait raison, ni que son principe général soit exact : notre dessein est d'expliquer ici notre façon de voir et de proposer pour les mélodies en cause d'autres éléments d'interprétation.

Posons donc l'énoncé du problème à résoudre : les mélodies de troubadours et de trouvères appartiennent-elles à l'*ars mensurabilis* du moyen âge et, si nous les croyons en effet mesurées, l'histoire musicale du treizième siècle nous fournit-elle des arguments suffisants pour justifier cette affirmation?

Riemann estime que ces mélodies n'appartiennent pas à la notation mesurée, c'est-à-dire que, pour lui, les éléments de la notation, malgré leurs différences extérieures, apparentes, n'indiquent aucune différence réelle au point de vue des durées et qu'il ne s'arrête nullement à leur « figure ». Que les notes soient rectangulaires, caudées, losangées, séparées ou groupées, il n'en a cure. Riemann arrive cependant à constituer une mesure, mais par des moyens autres et qui ne nous semblent pas légitimes : la structure du vers entraîne, d'après lui, celle de la mélodie.

Nous développerons ici une thèse toute différente.

*
* *

Le principe suivi par Riemann dans l'interprétation des mélodies de troubadours et de trouvères est une application immédiate de son système général de rythmique et de métrique musicales (1).

Le savant allemand établit une corrélation étroite entre la forme du vers et le schéma rythmique de la mélodie qui y est jointe. Le vers octosyllabique répondant à la phrase mélodique de quatre mesures sert

♩ | ♩ ♩ | ♩ ♩ | ♩ ♩ | ♩ (terminaison masculine)

ou

♩ ♩ | ♩ ♩ | ♩ ♩ | ♩ ♩ (terminaison féminine)

d'unité. On ramène à ce type les vers plus courts en prolongeant la valeur des dernières syllabes, « bei allen weniger als achtsilbigen Versen

(1) Riemann (Hugo). — *System der musikalischen Rhythmik und Metrik*, Leipzig, 1903.

wird das Metrum durch Dehnung der letzten Silben ausgefüllt » (1). Quant aux vers de plus de huit syllabes, on les dédouble à la césure, et de la sorte à un seul vers décasyllabique par exemple répondront deux groupes musicaux (2). On est en droit de se demander, puisque nous sommes sous le régime de la musique mesurée, ce qui adviendra si les valeurs de la notation donnent des indications contraires. La solution est toute prête : on les négligera (3) et les ligatures, c'est-à-dire les groupements de notes sur une même syllabe, ne vaudront pas plus qu'une note simple. Il s'ensuit donc qu'il faut faire table rase de l'enseignement des théoriciens du moyen âge relatif à l'*ars mensurabilis.* Hugo Riemann historien de la musique n'a d'autre guide et d'autre maître que Hugo Riemann métricien.

L'exemple suivant nous montrera l'application du système (4):

On ne saurait imaginer plus de rigueur dans l'arbitraire. A vrai dire, il en résulte un procédé facile et permanent pour accommoder à une oreille moderne les mélodies du passé. Mais la critique a le droit de se montrer plus exigeante et de rechercher la raison des choses. Ici, les idées de Riemann en matière de rythmique générale le conduisent à une application particulière. Riemann, en effet, ne se demande pas si son principe est confirmé par l'enseignement des théoriciens ou controuvé ; il ne cherche pas non plus à l'étayer sur des textes. Le moyen âge n'a guère connu en fait de musique mesurée que le rythme ternaire, et Riemann n'en veut pas. Nulle part il n'est question de cette carrure de la phrase mélodique, et Riemann ne conçoit point autrement la mélodie. Il a formé son système d'après sa propre esthétique, et c'est au nom de cette même esthétique qu'il se déclare ensuite satisfait de son application. « La preuve la meilleure de la justesse de cette théorie, écrit-il, est le résultat en tout point satisfaisant de son application à la transcription

(1) *Handbuch*, I. Band, 2. Teil, p. 229.

(2) *Ibid.*, p. 231.

(3) Riemann estime, en effet, que les règles posées par les mensuralistes du treizième siècle ne concernent que les compositions polyphoniques et ne s'appliquent point aux chansons monodiques des lyriques du même temps.

(4) *Musikalisches Wochenblatt*, 1905, nº 48, p. 858. — Nous avons publié l'original en fac-simile phototypique dans *Les plus anciens monuments de la musique française*, planche IX.

de la vieille notation dans les valeurs fixes de l'écriture moderne (1). »

Et c'est là tout ce dont Riemann se contente comme preuve !

Bref, sa thèse nous apparaît comme une pure construction de l'esprit, comme la conséquence d'un système établi *a priori* sans la considération des faits. Il n'est certes point interdit de procéder de la sorte quand les renseignements directs font défaut. Mais nous croyons dangereux de raisonner comme Riemann, qui part d'un système préconçu pour arriver coûte que coûte à une réalité. Au contraire, nous allons établir un ensemble de réalités et chercher ensuite s'il s'en dégage un système.

Il y a, on l'a vu, deux questions connexes dans la doctrine de Riemann : la phrase mélodique de quatre mesures et l'interprétation de la notation mesurée ancienne. Cette dernière seule nous retiendra, et si nous réussissons à démontrer l'erreur de Riemann sur ce point, nous aurons du même coup fait apparaître qu'il y a dans la mélodie du moyen âge autre chose qu'une carrure régulière et monotone. Si Riemann avait raison, si les troubadours et les trouvères avaient été réellement les pesants mélodistes qu'il suppose, il faudrait désespérer de rencontrer chez eux la grâce, la verve et la spontanéité, qui furent de tout temps les qualités éminentes de la musique française.

Nous aurons donc à nous demander comment il convient d'interpréter les mélodies des troubadours et des trouvères, en prenant pour base à la fois l'enseignement des théoriciens contemporains et les indications que les textes musicaux eux-mêmes nous fournissent.

Les théoriciens, tels que Jean de Garlande, Aristote, Walter Odington, Francon, font dans leurs traités une exposition de la musique mesurée. Ils ne nous disent pas expressément que leur doctrine s'applique aux mélodies et aux motets : Riemann en conclut que les chansons échappent aux règles des mensuralistes et que, seules, les compositions polyphoniques leur restent soumises. Or, le savant allemand fait là une hypothèse toute gratuite. Ce que nous savons, c'est que la musique mesurée comprenait toute production musicale qui n'appartenait pas à la tradition ecclésiastique et, en première ligne, l'œuvre nouvelle des troubadours et des trouvères ; « *alii autem*, lisons-nous dans le traité de Jean de Grocheo, *musicam dividunt in planam sive immensurabilem, et mensurabilem, immensurabilem intelligentes ecclesiasticam, que secundum Gregorium pluribus tonis determinatur* (2) ». La chose allait si bien de soi que les théoriciens n'ont jamais cru qu'il fût autrement besoin d'insister sur cette distinction.

(1) Der eigentliche Beweis ihrer Richtigkeit ist aber das durchweg befriedigende Ergebnis ihrer Anwendung bei der Ubertragung der alten Notierungen in bestimmte Notenwerte. *Handbuch*, p. 231.

(2) *Die Musiklehre des Iohannes de Grocheo*, publ. p. Johannes Wolf dans les *Sammelbände der Internationalen Müsikgesellschaft*, 1899, Heft I, p. 65 et ss.

Mais, puisque les théoriciens se taisent, n'interprétons pas leur silence et demandons aux textes musicaux les indications dont nous avons besoin pour les comprendre.

*
* *

Pour tenter de mettre un peu d'ordre dans cette matière encore confuse, nous nous proposons tout d'abord de dégager les phases principales de la notation mesurée entre la fin du douzième siècle, — rien ne nous autorise à remonter plus haut, — et l'apparition de l'*ars nova* au temps de Philippe de Vitry, vers 1325. C'est surtout aux textes musicaux eux-mêmes, tels que les manuscrits chansonniers du treizième et du quatorzième siècle nous les ont conservés, que nous demandons les grandes lignes de cette classification sommaire ; les théoriciens dans leurs écrits nous permettent d'entrevoir quelques distinctions nouvelles. Nous les négligerons ici de parti pris, pour nous en tenir à peu près uniquement aux données de la notation musicale dans son développement historique.

Disons donc que, selon nous, on doit reconnaître trois phases principales dans l'évolution de la notation mesurée au treizième siècle.

1° État primitif. — La notation mesurée est alors à peine dégagée dans ses formes extérieures de la notation liturgique : les deux systèmes séméiographiques sont encore identiques. Seulement rythme et mesure sont à l'état latent dans les chansonniers, qui contiennent des compositions monodiques et polyphoniques tout ensemble. Les longues et les brèves sont indistinctes ; les ligatures n'ont pas de signification déterminée. C'est la notation des principaux manuscrits chansonniers de la Bibliothèque Nationale de Paris, tels les manuscrits français 844 (1), 845, 847, 12615 (1), 20050, etc., le manuscrit de l'Arsenal 5198 ; c'est encore la notation des *discantuum volumina* de Florence, de Tolède, de Wolfenbüttel, du manuscrit Egerton 274 du Bristish Museum, du manuscrit de Paris, Bibl. Nat., lat. 1539, aussi bien dans leurs pièces monodiques que dans les *conductus*, les *organa* ou les motets à deux, trois et quatre parties.

2° État intermédiaire. — Ici les longues sont nettement distinguées des brèves, mais les ligatures n'ont pas encore de valeur par elles-mêmes : leur signification est déterminée par le *modus* de la pièce et la place occupée par cette ligature dans la formule modale. C'est le système correspondant à la notation des fascicules II, III, IV, V et VI du manuscrit de Montpellier (2) et aussi du manuscrit français 846 de

(1) Conformément à l'usage établi par les éditeurs de motets, nous désignerons par R [Roi] le ms. fr. 844 et par N [Noailles] le ms. fr. 12615.

(2) Pour la même raison nous désignerons par M [Montpellier] le manuscrit H, 196, de la Bibliothèque universitaire de cette ville.

la Bibliothèque Nationale. Nous en parlerons longuement plus loin.

3° État définitif. — Cette phase dernière de la notation mesurée est dominée par la théorie franconienne. L'*ars mensurabilis* du treizième siècle a atteint avec elle son plus haut point de perfection ; c'est dès lors un système achevé. Le progrès sur l'état précédent consiste principalement en ce que la signification des ligatures est dans la dépendance immédiate de leur forme. Les théories de perfection et d'imperfection, de propriété, de non-propriété et de propriété opposée, répondent à des réalités. Nous trouvons comme principaux manuscrits notés dans ce système le beau *codex* Ed. IV, 6, de la bibliothèque de Bamberg ; le manuscrit français 146 du « Roman de Fauvel » et le manuscrit français 25566 du roman de « Renart le Noviel » à la Bibliothèque Nationale de Paris, les fascicules VII et VIII du recueil de Montpellier et les somptueux manuscrits des *Cantigas de santa Maria* d'Alphonse le Sage à la bibliothèque de l'Escorial.

Les documents qui appartiennent à ce dernier état de la notation mesurée nous permettent de remonter aux plus anciens et d'en déterminer avec critique et sûreté, croyons-nous, les règles de lecture (1). Si les pièces que nous pouvons trouver dans un manuscrit de chacune de ces trois périodes sont relativement rares, — il en est pourtant (2), — nous n'avons que l'embarras du choix, lorsque nous voulons interpréter une composition du premier groupe par un manuscrit du second ou du troisième groupe, ou assurer notre interprétation d'un motet du second groupe par la version d'un *codex* du troisième groupe, dont la séméiographie est aussi claire que notre notation musicale contemporaine.

*
* *

Maintenant que voici les documents classés suivant le système de notation auquel ils appartiennent, quels services leur examen peut-il nous rendre pour l'interprétation des mélodies de troubadours et de trouvères ?

Nous venons ici demander à des textes musicaux appartenant aux

(1) Remarquons l'emploi, naturellement fréquent en musicologie, de cette méthode de déchiffrement : ainsi, sans sortir de l'Europe occidentale, c'est en partant des mélodies liturgiques de l'Église latine notées sur lignes dès le douzième siècle, qu'on est arrivé à la connaissance des anciennes notations neumatiques. Le rôle de Francon de Cologne, qui codifia les règles de la notation mesurée, n'est pas sans analogie, dans l'histoire musicale, avec le rôle de Guion l'Arétin, qui mit au point le système d'écriture diastématique.

(2) Le motet à trois voix : *Se valours* | *Vient d'estre amourous et gai — Bien me sui apercheüs — Hic factus est* est représenté à la première période par N, fol. 193 (sans le triple), à la seconde période par M, fol. 200 v°, à la période franconienne enfin par le ms. de Bamberg, fol. 9.

différents âges de la notation mesurée de se prêter un mutuel appui et de s'éclairer les uns les autres. Ce n'est point encore un système que nous proposons à la place d'un autre système : ce sont des faits matériels et tangibles que nous coordonnons en vue de notre démonstration.

I. — *Les pièces monodiques des deux chansonniers* N *et* R *sont de la même main et appartiennent au même système de notation que les motets à deux voix des mêmes recueils.*

Il s'agit là d'un fait dont la constatation est simplement matérielle. Il suffit de regarder pour se rendre compte. Ces deux manuscrits, au milieu de la masse des chansons, consacrent quelques folios aux motets français à deux parties, motet et tenor, dont précédemment M. Gaston Raynaud a publié le texte littéraire (1). Un même copiste a été l'artisan de R tout entier (2). Le ms. N au contraire est l'œuvre de deux scribes : l'un a transcrit une partie des chansons et les motets, l'autre le restant des chansons. Le caractère de la notation est strictement le même dans les chansons et dans les motets : c'est, ainsi que nous le disions plus haut, l'imprécision dans la graphie des notes simples et des silences ; les longues ne se distinguent pas des brèves ; les pauses coupent un nombre indifférent d'interlignes. De même, les ligatures sont prises les unes pour les autres ; leur forme n'en règle pas encore l'emploi. Nous donnons ci-contre deux fac-similés en phototypie du même manuscrit R : l'un, celui du folio 6 r°, reproduit une page de chansons ; l'autre, celui du folio 208 v°, reproduit une page de motets. On peut voir que l'identité est absolue.

Nous en dirons autant de quelques autres manuscrits qui, eux, sont avant tout des *volumina discantuum* et qui, à la suite des pièces polyphoniques, des *organa*, des *conductus* et des motets à deux, trois ou quatre parties, contiennent également des *conductus simplices* et des *rondelli*, toutes pièces à une seule voix. Or, ici encore, il y a unité de notation d'un bout à l'autre du recueil.

Il faut donc admettre de la façon la plus formelle qu'un seul et même système de notation musicale est employé pour les pièces monodiques et pour les motets, lorsque ceux-ci et celles-là se rencontrent dans un même manuscrit, sans toutefois que nous puissions préjuger encore si cette notation est ou non mesurée.

II. — *Les motets de* N *et de* R *se retrouvent pour la plupart dans* M, *dont la notation a un caractère indiscutablement mesuré.*

Commençons encore par quelques constatations : un certain nombre de motets de N et de R se trouvent dans le manuscrit de Montpellier.

(1) Raynaud (Gaston). — *Recueil de motets français des* XIIe *et* XIIIe *siècles*, Paris, 1883, 2 vol. in-8. — Les motets de N et de R occupent au tome II les pages 48 et ss.

(2) Sauf, bien entendu, les interpolations postérieures.

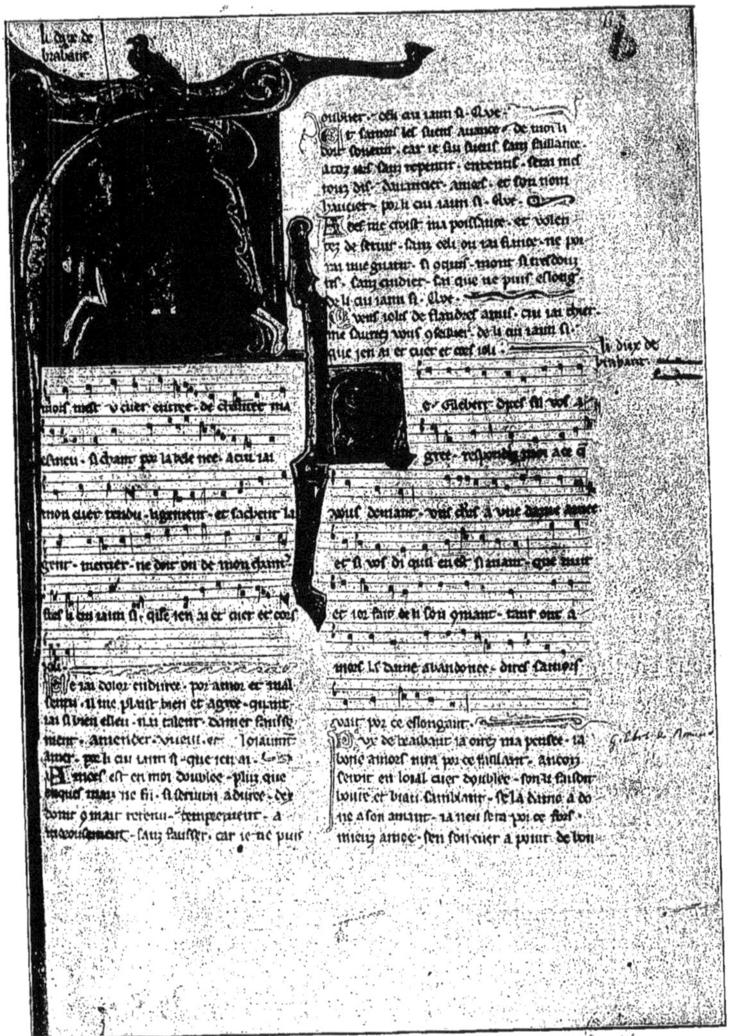

PARIS, BIBLIOTHÈQUE NATIONALE,
ms. franç. 844, fol. 6, r°
(*en réduction*).

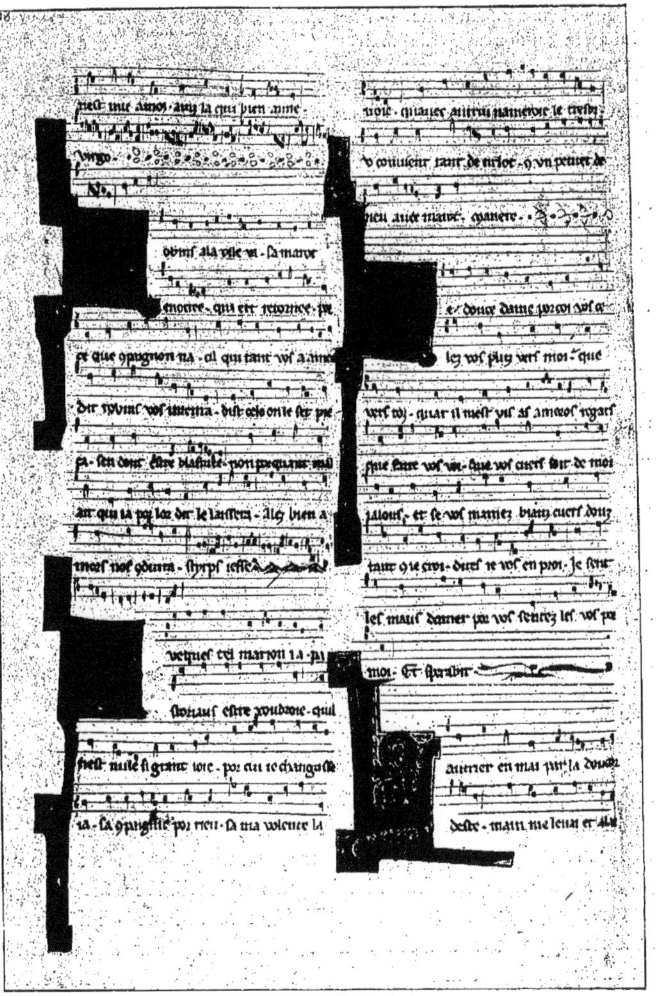

PARIS, BIBLIOTHÈQUE NATIONALE,
ms. franç. 844, fol. 208, v°
(*en réduction*).

Voici d'abord quelques motets à deux parties dans N ou dans R, que M conserve sous cette même forme :

Merci de qui j'atendoie. — *Fiat*. N, fol. 193. = M, fol. 238 v°.
Puisque bele dame m'eime. — *Flos filius*. N, fol. 180. = M, fol. 259.
Hui main au doz mois de mai. — *Hec dies*. N, fol. 185. R, fol. 206. = M. fol. 234 v°.
Hier main chevauchoie. — *Portare*. N, fol. 194. = M, fol. 260.
Grevé m'ont li mal d'amer. — *Iohanne*. N, fol. 180. R, fol. 205. = M, fol 251.
Douce dame sans pitié. — *Sustinere*. N, fol. 187. R, fol. 207. = M, fol. 236 v°.
En non Dieu, Dieu, c'est la rage. — *Ferens pondera*. N, fol. 61. R, fol. 168. = M, fol. 234.
Qui loiaument sert s'amie. — *Letabitur*. N, fol. 179. R, fol. 205. = M, fol. 247.
Nus ne se doit repentir. — *Audi, filia*. N, fol. 187. R, fol. 208. = M, fol. 246 v°.
Quant voi la fleur en l'arbroie. — [*Tenor*] N, fol. 184. = M, fol. 264 v°.
Trop m'a amours assailli. — *In seculum*. N, fol. 194. = M, fol. 253 v°.

Les motets suivants à deux parties dans N et R ont été transformés dans M par l'adjonction d'un *triplum*, c'est-à-dire d'une troisième partie (1) :

[Sovent me fait sospirer]. — En grant esfroi sui sovent. — *Mulierum*. N, fol. 186. R, fol. 206. = M, fol. 123.
[Lonc tens ai mise m'entente]. — Au comencement d'esté. — *Hec dies*. N, fol. 186. R, fol. 207. = M, fol. 127.
[Onques n'ama loiaument]. — Mout m'abelist l'amouros pensement. — *Flos filius*. N, fol. 181. = M, fol. 151.
[Se j'ai servi longuement]. — Trop longuement m'a failli. — *Pro patribus*. N, fol. 179. R, fol. 205. = M, fol. 127 v°.
[J'ai si bien mon cuer assis]. — Aucuns m'ont par leur envie. — *Angelus*. N, fol. 181. = M, fol. 174 v°.
[Onques ne se parti]. — En tel lieu s'est entremis. — *Virgo*. N, fol. 188. R. fol. 208. = M, fol. 140 v°.

Dans le laps de temps, assez court sans doute, qui s'est écoulé entre la rédaction des manuscrits N et R d'une part et celle des fascicules V et VI du recueil de Montpellier d'autre part, un progrès s'est accompli : la graphie distingue désormais les longues et les brèves. Hors cela, les deux versions restent les mêmes. Mais cette unique distinction est capitale : elle permet d'apercevoir sans hésitation le *modus* de chaque pièce; elle nous donne la clé de l'interprétation rythmique, et c'est tout ce qui manquait aux manuscrits de Noailles et du Roi.

Nous rappellerons ici, comme nous l'avons fait au précédent paragraphe, que le même fait se produit avec les motets latins : tel motet qu'un manuscrit plus ancien, le recueil de Florence ou celui de Tolède,

(1) Nous indiquons cette partie de *triplum* entre crochets carrés.

nous donnait sans indications précises, revient quelques années après sous la forme franconienne la plus pure, dans le manuscrit interpolé du « Roman de Fauvel » par exemple.

Revenons aux pièces communes à N ou R et à M. On peut remarquer qu'elles se trouvent toutes dans les fascicules V et VI de ce dernier manuscrit. Oswald Koller, dans un article bien connu, estime que ce fascicule V est noté dans le système du pseudo-Aristote etque le fascicule VI appartient au temps de Jean de Garlande (1). Il nous semble, après un examen attentif du manuscrit, qu'il y a dans cette distinction une subtilité superflue ; un théoricien de la musique mesurée, donton n'a fait que peu d'usage, l'Anonyme VII de De Coussemaker, suffit à expliquer toutes les particularités de la notation de M dans les fascicules en question (2).

Le caractère de mensuration ne saurait être mis en doute. Au reste personne, pas même Riemann, ne s'en est avisé. Tel motet mesuré dans Montpellier l'était déjà quand dix ans, vingt ans plus tôt, un autre scribe le transcrivait dans les manuscrits de Noailles et du Roi. Nous sommes dans les deux cas en présence d'un même texte qui demande une même interprétation. La seule différence, c'est qu'il y a dans M une précision et une clarté qui font défaut dans les deux autres manuscrits.

III. — *Il s'ensuit donc, à moins de nier l'évidence, que si, d'une part, il y a identité entre le système de notation des chansons et des motets dans* N *et* R, *s'il est, d'autre part, prouvé par la comparaison des pièces communes à* N *ou* R *et à* M *que les motets appartiennent à l'*ars mensurabilis, *il faut admettre comme une conséquence nécessaire que les chansons sont également mesurées.*

A la vérité, nous nous excusons de l'apparence quelque peu syllogistique et formelle que nous avons dû donner à notre démonstration. Il ne dépendait pas de nous pourtant que, les deux premières propositions une fois posées, la conclusion s'en suivît. La logique du syllogisme n'a pas à s'inquiéter de la vérité ou de la fausseté intrinsèque des prémisses : elle considère seulement la liaison de la conclusion avec ces dernières. Dans le cas présent, la logique du raisonnement est venue d'elle-même se superposer à des faits que nous tenons pour exacts au regard de l'histoire et du bon sens. Qui songerait à nier que la notation des mélodies de R ne soit identique à la notation des motets du même manuscrit ? qui refuserait à ces motets, après un rapprochement avec les textes correspondants de M, un caractère très net de mensu-

(1) *Der Liederkodex von Montpellier*, par Oswald Koller, dans la *Vierteljahrsschrift für Musikwissenschaft*, année 1888, pp. 1 et ss.

(2) Anonymus VII, *ap.* de Coussemaker, *Scriptores de musica medii ævi*, t. I, p. 378 et ss.

ration ? Voilà les faits, et nous ne croyons point qu'aucun musicologue puisse en contester le bien fondé. Alors, s'il est vrai qu'au cours d'une opération logique l'esprit ne regarde plus aux choses, il n'en a pas moins un fil conducteur, et c'est la loi même à laquelle les choses obéissent autant que l'esprit, c'est la loi d'identité. A chaque étape de notre démonstration, nous l'avons rencontrée. Comment se pourrait-il donc que des conclusions tirées de prémisses prises dans la réalité et suivant une loi qui est la loi suprême de la réalité se trouvassent démenties par la réalité ?

⁂

Il n'y a pas d'exemple de déduction régulièrement faite à l'aide de prémisses vraies qui ait été reconnue fausse à l'expérience : celle-ci doit à tout moment garantir le raisonnement. Nous allons nous y employer ici.

Le rythme et la mesure, avons-nous dit, sont à l'état latent dans la notation de N et de R. Ces éléments sont exprimés en clair dans Montpellier, Bamberg, et généralement dans les manuscrits voisins de l'époque franconienne. Le manuscrit M est, par ses fascicules II, III, IV, V et VI, le plus proche des chansonniers français N et R dont il s'agit de retrouver le sens rythmique caché. C'est lui que nous prendrons comme terme de comparaison et comme point de départ de nos explications. Voici donc, sommairement résumées, les notions fondamentales dont il faut se souvenir pour lire les textes appartenant à la période primitive de la notation mesurée : nous les tirons des textes musicaux d'abord, surtout des parties anciennes du manuscrit de Montpellier, et, à l'occasion, nous en avons demandé la confirmation aux écrits des théoriciens (1).

La doctrine rythmique exposée ici est celle des parties anciennes du manuscrit de Montpellier. Comme conséquence des déductions qui précèdent, ce système, disons-nous, est applicable aux motets de N *et de* R, *et, par suite, aux chansons des mêmes manuscrits.*

En second lieu, comme les autres chansonniers français du treizième siècle, Bibl. Nat. franç. 845, 846, 847, 20060, 24406, nouv. acq. fr. 1050, Arsenal, etc., *sont écrits selon les mêmes principes de notation musicale, on doit admettre pour eux ce que nous disons des chansons de* N *et de* R.

Il faut supposer connus les principaux éléments de la notation mesurée. Nous ne dirons donc rien du rapport de valeur des notes

(1) Il est bien entendu que nous ne présentons ici que les grandes lignes de la question ; chacun des points effleurés demanderait à être développé et plus copieusement documenté. Nous compléterons bientôt cet exposé dans un travail plus important.

simples entre elles, car on sait que la *longa* vaut trois *breves* et la *brevis* trois *semibreves*. Les ligatures sont plus importantes : c'est un groupement de notes sur une syllabe. Il faut noter que, tandis que dans l'écriture franconienne les ligatures ont une signification rythmique en fonction de leur forme, et par suite invariable, dans les textes de l'âge précédent la forme devient indifférente, et c'est la place de la ligature dans la formule modale qui en règle la signification.

Qu'est-ce que la formule modale? Les anciens théoriciens, qui oublient de nous dire tant de choses, n'omettent jamais de parler du *modus :* cette doctrine a été le fondement de la musique mesurée du moyen âge. La théorie courante reconnaît six modes, c'est-à-dire six formules qui règlent le mouvement rythmique de toute composition mesurée.

Le premier mode procède par alternances régulières de longues et de brèves :

Le second mode est le renversement du premier :

Le troisième mode résulte de l'enchaînement : une longue et deux brèves, etc. :

Le quatrième mode, au contraire, est formé de deux brèves suivies d'une longue:

Le cinquième mode ne comprend que des longues:

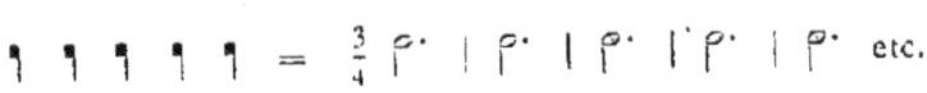

Le sixième mode enfin est uniquement composé de brèves

Nous ne nous occupons ici des modes que pour en donner l'état schématique, et nous laissons délibérément de côté les questions connexes de développement historique et de constitution interne qu'un exposé complet de ce chapitre ne saurait négliger.

Quand une mélodie n'est formée que de notes simples, il y a une application toute régulière de l'une ou l'autre des formules modales.

Mais souvent des cas plus compliqués surviennent : ils sont dus à la présence des ligatures, qui peuvent apparemment déranger l'ordonnancement des formules, mais qui en réalité doivent, par une application commode de la théorie de l'*equipollentia*, trouver place dans la formule. Nous traduirons volontiers l'*equipollentia* de Jean de Garlande et de l'Anonyme VII par le terme *équivalence* et nous l'expliquerons par la règle suivante, qui nous paraît fondamentale pour l'interprétation des pièces préfranconiennes du manuscrit de Montpellier.

Une formule modale étant donnée, la valeur de chacun de ses éléments reste immuable et si, au lieu d'une des notes simples de la formule, se trouve une ligature, cette ligature équivaudra exactement en durée à la note simple qu'elle remplace.

Un tableau de ces équivalences et quelques exemples rendront cette règle plus claire.

Premier mode. — La formule du premier mode, avons-nous dit, est une *longa* et une *brevis*, soit 2 temps + 1 temps.

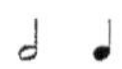

Le rythme trochaïque doit être maintenu d'un bout à l'autre de la pièce, motet ou chanson. En conséquence, une ligature de deux notes, *binaria*, tombant sur le premier élément de la formule, sur la longue de deux temps, devra remplir une durée équivalente et se divisera en deux parties égales, *quando due note ponuntur pro una longa, equaliter sive uniformiter dici debent tam in primo modo quam in secundo* (1), c'est-à-dire que dans le système de valeurs adopté ici, nous rendrons par un groupe de deux noires une ligature de deux notes

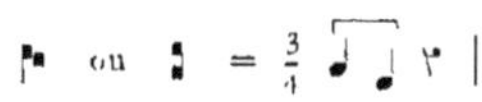

placée sur l'élément long d'un premier mode.

Une ligature de trois notes, *ternaria*, tombant sur le premier élément de la formule, se répartira ainsi d'après l'Anonyme VII : *quocienscunque tres notule in primo modo ponuntur pro una longa, prime due valent unam brevem et ultima valet tunc sicut due precedentes* (2). Supposons donc à cette place une des ligatures de trois notes

(1) Anonymus VII, *SS.* I, p. 378.
(2) *Id.*, *ibid.*

nous la rendrons par deux semi-brèves et une brève, soit en notation moderne :

Par application de ce qui précède et par voie d'analogie, une ligature de deux notes tombant sur le second élément de la formule, sur l'élément bref, se lira

comme si elle était composée de deux semi-brèves.

Une ligature de trois notes à cette même place équivaudra à trois semi-brèves, soit

Enfin n'oublions point qu'une longue parfaite, simple ou pliquee, et qu'une ligature de trois sons peuvent occuper la totalité de la formule ; cette ligature vaudra alors trois brèves ; nous la rendrons ainsi :

Les numéros VI, VIII, X, XI, XIV, XVII, XXIX, XXXII, XXXVII, XLIII et LI de *l'Art harmonique* de De Coussemaker sont écrits en premier mode et s'expliquent par les règles que nous venons de poser (1).

Voici quelques exemples pris directement dans le manuscrit de Montpellier (2) :

M, fol. 238 v°.

(1) Ces numéros, ainsi que ceux que nous citerons plus loin, appartiennent aux fascicules préfranconiens de Montpellier (II, III, IV, V et VI). Nous laissons de côté les pièces provenant des fascicules VII et VIII.

(2) Nous prenons nos exemples dans le recueil de motets de Montpellier, parce que la nature polyphonique de ces pièces donne à nos transcriptions un caractère de certitude que les chansons du manuscrit français 846 de la Bibliothèque Nationale, par exemple, ne leur fourniraient qu'à un moindre degré.

M, fol. 28 r°.

Nous ne quitterons pas le premier mode sans faire une remarque importante. Nous constaterons l'existence de l'anacrouse et du rythme anacrousique, c'est-à-dire d'un premier mode commençant sur l'élément bref, dans la musique mesurée du moyen âge. Il importe de ne point confondre avec le second mode ce premier mode anacrousique. Celui-ci est attesté dans les motets, toutes les fois que le tenor commence par une *pausa brevis*, correspondant à l'élément bref initial de la partie de dessus.

M, fol. 257 v°.

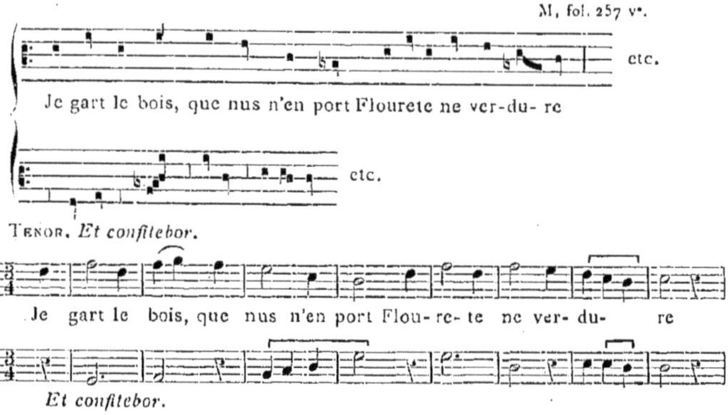

DEUXIÈME MODE. — Nous savons que la formule du deuxième mode, *brevis* et *longa*, soit 1 temps + 2 temps, peut se rendre ainsi :

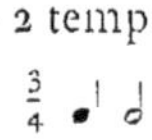

Disons ici que nous ne suivrons pas l'interprétation de quelques musicologues allemands, W. Niemann entre autres (1), qui transforment régulièrement le caractère ïambique de ce mode en un trochée anacrousique et le ramènent ainsi à la formule du premier mode.

Outre qu'aucun passage des théoriciens n'autorise cette interprétation, elle a le défaut de confondre l'*éthos* de deux modes, qui ont leur caractère propre. Le premier mode avec anacrouse aurait rendu

(1) NIEMANN (WALTER). — *Ueber die abweichende Bedeutung der Ligaturen in der Mensuraltheorie der Zeit vor Johannes de Garlandia*, Leipzig, 1902, in-8°.

inutile le second mode, si tous deux avaient eu la même signification. Enfin les relations harmoniques dans les motets sont en contradiction avec une semblable lecture du second mode : les consonances se font sur le temps bref.

Revenons à l'interprétation des ligatures. Elle est la même qu'en premier mode, avec cette différence que l'ordre des éléments est renversé, que l'élément bref est le premier et l'élément long le second.

On pourra appliquer ce système d'interprétation aux numéros VII, XII, XXX, XXXIII et L de *l'Art harmonique*. Si De Coussemaker avait tenu compte des remarques que nous faisons ici, la notation du motet XXXIII lui eût semblé moins défectueuse (1). Comme plus haut, nous prenons dans le manuscrit de Montpellier quelques exemples nouveaux.

M, fol. 251 r°.

M, fol. 246 v°.

Nous pourrions prolonger indéfiniment ces citations, sans que les conclusions qui en découlent soient en rien modifiées.

Troisième mode. — Nous rappelons que la formule de ce mode se compose essentiellement d'un élément long de trois temps, suivi d'un élément bref d'un temps et d'un autre élément bref de deux temps, soit

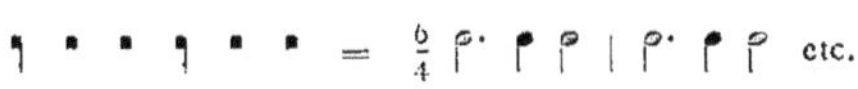

Souvent le premier élément se subdivise en une brève d'un temps et une longue de deux temps. On a alors :

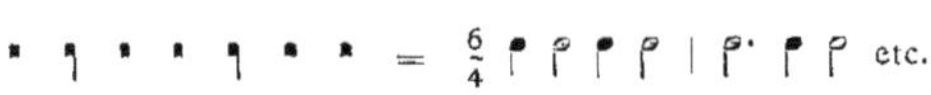

ce qui permet à l'Anonyme VII de signaler le rapport du second mode avec le troisième, *secundus modus convenientiam habet cum tertio, quia*

(1) *L'Art harmonique*, p. 285.

post unam longam in tertio modo sive post duas breves potest sequi immediate una brevis et altera longa (1).

Arrivons à l'analyse de cette formule.

Une ligature de deux notes

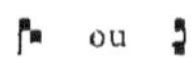

occupant la place du premier élément se traduira par une brève suivie d'une longue imparfaite :

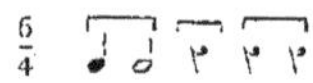

occupant la place du second élément, par deux semi-brèves,

occupant la place du troisième élément, par deux brèves,

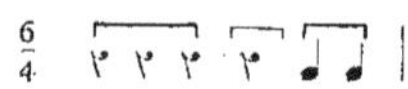

Une ligature de trois notes

occupant la place du premier élément se traduira par trois brèves égales :

ou par deux semi-brèves et une longue de deux temps,

occupant la place du deuxième élément, ce qui est plus rare, par trois semi-brèves,

occupant la place du troisième élément, par deux semi-brèves et une brève :

Une même ligature de trois notes peut également grouper la valeur des éléments deux et trois, soit par trois brèves égales,

(1) *SS.* I, p. 379.

soit en marquant la distinction de l'élément deux et de l'élément trois par deux semi-brèves suivies d'une brève de deux temps.

On peut vérifier l'exactitude de ces propositions dans les pièces de Montpellier publiées par De Coussemaker aux numéros IV, V, XV, XVIII, XXVI, XLIV, XLVI de l'*Art harmonique*. Nous ajoutons, pris au hasard dans le même manuscrit, l'exemple suivant :

M, fol. 152 r°.

QUATRIÈME MODE. — Il est formé des mêmes éléments que le précédent, seulement la seconde partie de la formule, qui, en troisième mode, comprend les éléments 2 et 3, se trouve placée avant l'élément 1 dans le quatrième mode, qui se présente dès lors ainsi :

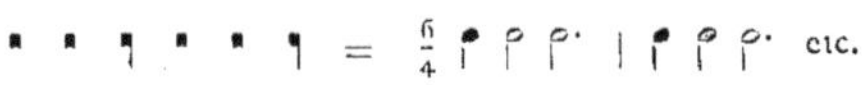

La décomposition de chacun des éléments de la formule se fait comme en troisième mode. Nous n'avons donc point à y revenir. Nous ajouterons seulement que ce mode est, par rapport au troisième, dont il est le renversement, d'un emploi plus rare que le second mode par rapport au premier.

Il n'y en a pas d'exemples dans *l'Art harmonique*, mais un minuscule motet du manuscrit de Montpellier en donnera une idée :

M, fol. 268 v°.

TENOR. *Alleluya.*

Les deux pièces *Derers Chastelvilain* et *La procession au bon abbé Poinçon* du manuscrit français 846 de la Bibliothèque Nationale sont d'excellents et rares exemples de ce mode dans la chanson monodique.

Cinquième mode. — Uniquement composé de longues, ce mode convient mal à l'expression mélodique dans une pièce entière et sert à peu près uniquement aux tenors de motets. Toutefois, on le rencontre mélangé à d'autres, particulièrement dans le troisième mode.

Sixième mode. — Ce mode est fait d'une suite de brèves, quelquefois résolues en deux ou trois semi-brèves. On le trouve principalement dans les parties de *triplum* des motets. Il est assez facilement reconnaissable dans la notation mesurée des chansons à ligatures développées, telles qu'il s'en rencontre dans certaines pièces des chansonniers provençaux.

* * *

Nous avons démontré tout d'abord que les compositions tant mélodiques que polyphoniques des poètes lyriques du moyen âge appartiennent à la musique mesurée, encore que les signes extérieurs de rythme et de mesure n'apparaissent point dans la notation.

Nous avons ensuite exposé d'une façon toute théorique les principes qui doivent, selon nous, régler l'interprétation de ces pièces, et nous avons reconnu dès l'époque la plus ancienne de l'*ars mensurabilis* la prédominance de l'influence modale.

Nous devons nous demander maintenant comment l'application de ces principes peut se faire aux textes infiniment nombreux que les manuscrits chansonniers nous ont conservés, et qui constituent l'héritage mélodique du douzième siècle à son déclin et de tout le siècle suivant. Aussi, nous allons poursuivre ces essais sur quelques pièces prises au hasard dans le vaste répertoire des troubadours et des trouvères, et, pensons-nous, leur rendre du même coup, avec une quasi certitude, l'allure rythmique qu'elles possédaient quand, avant d'être figées et mortes dans les folios des manuscrits, elles vivaient, fleurs nouvellement écloses, au beau temps de la jonglerie (1).

(1) On remarquera qu'entre l'interprétation que nous proposons aujourd'hui et les transcriptions que nous avons données dans *Les plus anciens monuments de la musique française*, il y a d'assez notables différences. Nous avons toujours été un partisan convaincu, Riemann dit même fanatique, *ein fanatischer Vertreter*, de l'interprétation mesurée. Un examen comparatif du manuscrit de Montpellier et des anciens chansonniers nous a attaché davantage encore à cette opinion : seulement aujourd'hui nous concevons un peu différemment l'application du rythme ternaire, et nous sommes le premier à faire la critique de nos précédentes transcriptions. Nous croyons avoir réussi à fixer le principe : sans doute l'application aux textes est-elle encore susceptible de perfectionnements.

I

ROMANCE (1)

ANONYME. Bibl. de l'Arsenal, ms. 5198, p. 314.

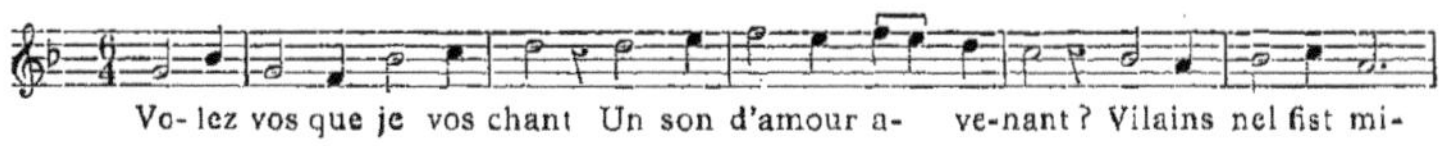

II

PASTOURELLE (2)

ANONYME. Bibl. de l'Arsenal, ms. 5198, p. 348.

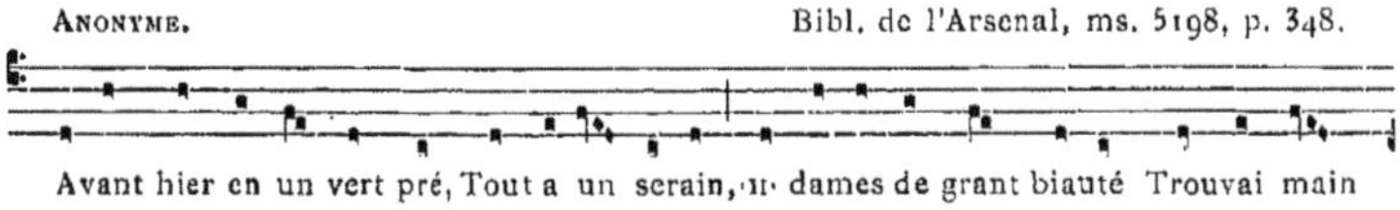

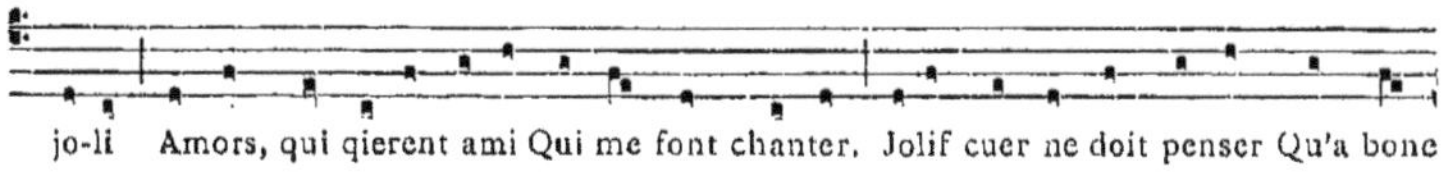

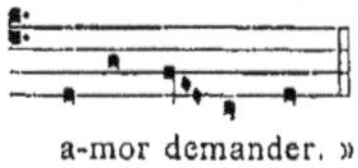

(1) On trouvera dans K. Bartsch, *Altfranzösische Romanzen und Pastourellen*, p. 23 (Leipzig, 1870), la suite du texte littéraire.

(2) Texte littéraire dans Bartsch, *ouvr. cité*, p. 49.

II

CHANSON (1)

COLIN MUSET. Bibl. de l'Arsenal, ms 59 8, p. 236.

(1) Texte littéraire dans Bédier, *De Nicolao Museto*, p. 130, Paris, 1893.

IV

CHANSON (1)

Blondel de Nesle. Bibl. Nat., ms. franç. 844, fol. 139 v°.

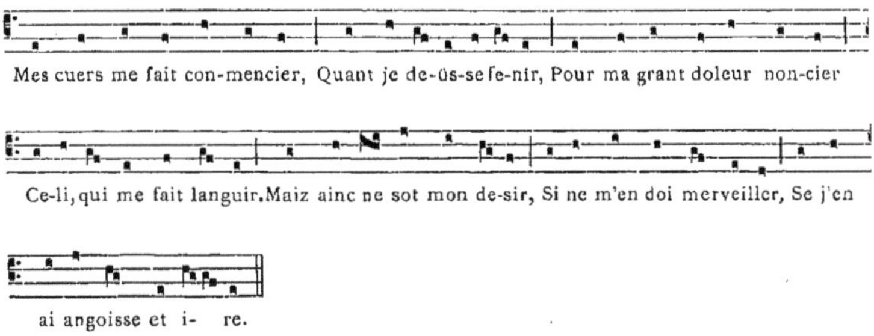

V

RONDEAU LATIN (2)

Philippe de Grève (?) Florence, Bibl. Laurenz., *Plut.* XXIX, 1, fol. 463.

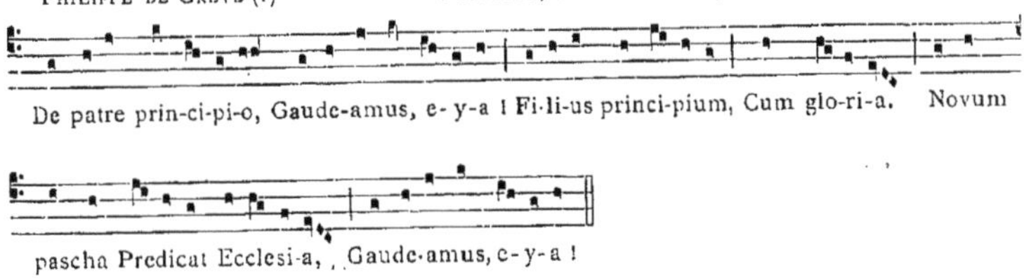

(1) Texte littéraire dans L. Wiese, *Die Lieder des Blondel de Nesle*, p. 156, Dresde, 1904.

(2) Texte littéraire dans Dreves, *Analecta hymnica*, t. XXI, *Cantiones et Muteti*, p. 37, Leipzig, 1895. — Il nous a semblé intéressant d'essayer l'application de notre principe de transcription sur une pièce prise en dehors des chansonniers français, mais appartenant, croyons-nous, à la même tradition musicale.

VI

JEU-PARTI (1)

LE ROI DE NAVARRE. Bibl. Nat., ms. fr. 845, fol. 9.

VII

LAI (2)

COLIN MUSET. Bibl. Nat., ms. fr. 845, fol. 161.

(1) Texte littéraire dans K. Bartsch, *Chrestomathie de l'ancien français*, p. 249 (1866).

(2) La dernière édition de cette pièce a été donnée par Jeanroy, Brandin et Aubry, *Lais et descorts français du XIIIe siècle*, p. 8, Paris, 1901.

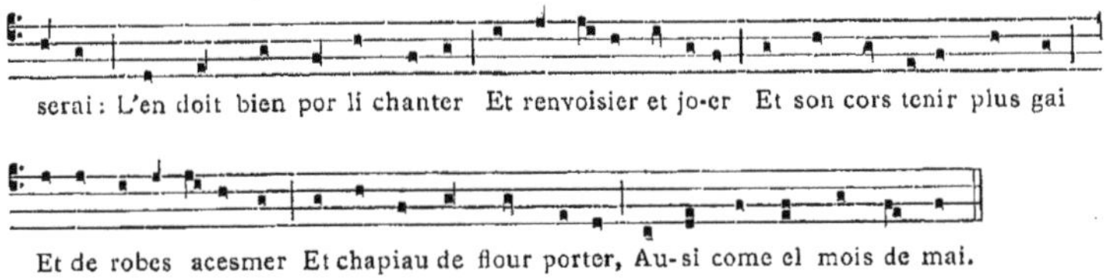

VIII

CHANSON COURTOISE (1)

GACÉ BRULÉ. Bibl. Nat., nouv. acq. fr. 1050, fol. 52 v°.

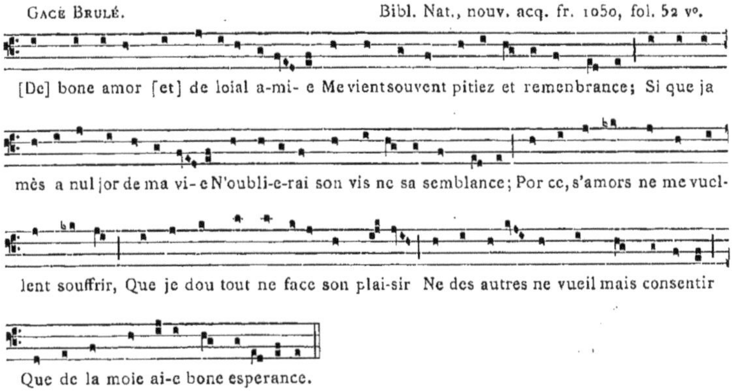

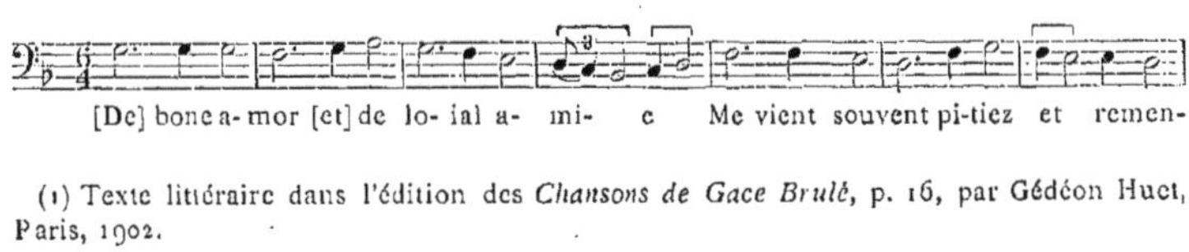

(1) Texte littéraire dans l'édition des *Chansons de Gace Brulé*, p. 16, par Gédéon Huet, Paris, 1902.

IX

JEU-PARTI (1)

Le Roi de Navarre — Bibl. Nat., nouv. acq. fr. 1050, fol. 39.

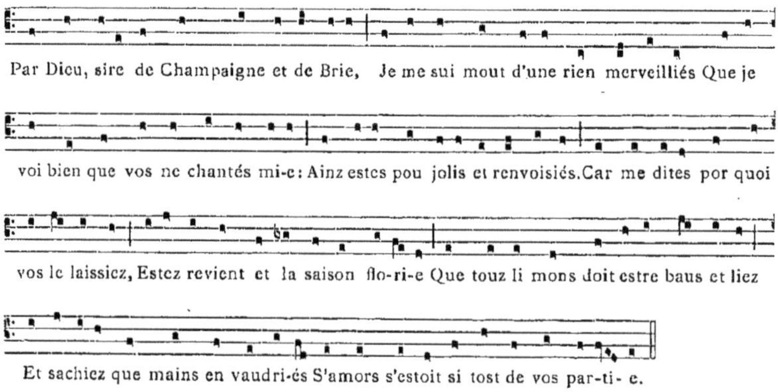

1) Le texte littéraire de ce jeu-parti a été publié par Tarbé, *Chansons de Thibault IV*, p. 94 (1851).

X

PASTOURELLE (1)

ANONYME. Bibl. de l'Arsenal, ms. 5198, p. 357.

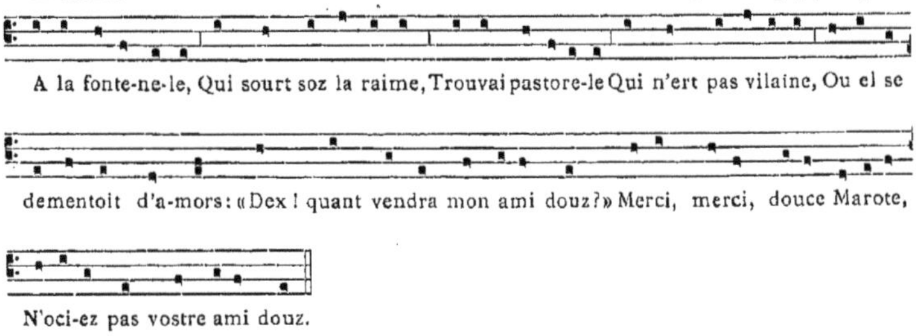

XI

VADURIE (2)

MONIOT DE PARIS. Paris, Bibl. de l'Arsenal, ms. 5198, page 191.

(1) Texte littéraire dans Bartsch, *Altfr. Rom. und Past.*, p. 188.

(2) Le texte littéraire de cette pièce n'a pas été publié. Le IVe mode, dans lequel nous lisons cette mélodie, est attesté par la leçon du ms. franç. 846 de la Bibliothèque Nationale.

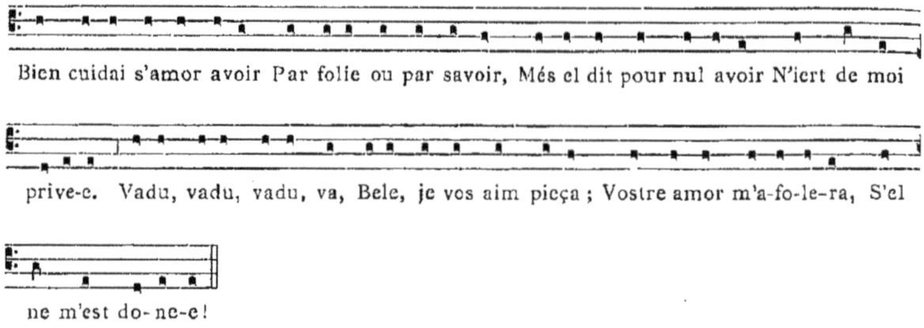

*
* *

Il nous reste en dernier lieu à faire la preuve définitive et concrète de tout ce que nous avons avancé, c'est-à-dire du caractère réellement mesuré des monodies médiévales et de la nature du rythme ternaire employé dans ces compositions. La déduction médiate a-t-elle paru insuffisante comme moyen d'investigation musicologique ? Nous donnerons ici des faits et ces faits entraîneront les mêmes conclusions auxquelles la logique du raisonnement nous a précédemment amenés.

1° Nous avons dit plus haut que l'*ars mensurabilis* a connu la monodie mesurée : nombre de documents de l'époque franconienne en effet sont là pour l'attester.

Les manuscrits dont la notation est encore un système obscur et dont il s'agit de prouver le caractère mesuré, — les manuscrits de la Bibliothèque Nationale de Paris (franç. 844, 845, 847, 12615, 24406 ; nouv. acq. franç. 1050), le chansonnier de la bibliothèque de l'Arsenal 5198, — ne remontent pas plus haut que le second tiers du XIIIe siècle. Les signes paléographiques et la présence dans ces manuscrits de pièces dont la date est certaine en font foi. Nous en dirons autant des chansonniers provençaux de Paris (Bibl. Nat., fr. 22543) et de Milan (Bibl.

Ambrosienne, R. 71. suppl.), où les mélodies sont notées. L'*Antiphonaire de Pierre de Médicis* de Florence (Bibl. Laurent. *Plut.* XXIX, 1) contient des poésies latines, où il est fait allusion à des événements survenus dans les quarante premières années du XIIIe siècle, et l'écriture du manuscrit ne paraît pas antérieure à la fin du même siècle. Le manuscrit de Tolède (Madrid, Bibl. Nat., Hh, 167) est exactement dans ce cas, et, en ce qui concerne le ms. Egerton 274 du British Museum, la rubrique *Dicta magistri Philippi quondam cancellarii Parisiensis* ne nous permet pas de faire remonter ce recueil plus haut que l'année 1236, qui fut celle de la mort du célèbre chancelier.

C'est donc le second tiers du XIIIe siècle qui a vu la naissance de ces manuscrits, dont la lecture fait l'objet de nos recherches. Mais, à quinze, vingt, trente ans de là, nous rencontrons les manuscrits du système franconien et ils sont chronologiquement trop proches des précédents pour qu'en vérité, on ait raisonnablement le droit de croire qu'une évolution aussi grave ait pu se produire dans un laps de temps aussi court, à savoir que les monodies mesurées des manuscrits franconiens n'aient point été mesurées, quelques années plus tôt, dans les autres manuscrits où ces mêmes pièces se retrouvent déjà (1).

Nous croyons intéressant de donner, si incomplète soit-elle, une énumération de manuscrits où se rencontrent des pièces monodiques de la fin du XIIIe siècle et des premières années du siècle suivant, dont le caractère mesuré est attesté par la notation.

a) — Le manuscrit français 846 de la Bibliothèque Nationale de Paris (anc. 7222 [3], Cangé 66). La distinction des brèves et des longues, et par là des signes indicateurs des modes, est nettement accusée. Notation de transition analogue à celle des fascicules II à VII de Montpellier. Certaines pièces sont ainsi très heureusement transcrites, mais pour d'autres le copiste, qui ne connaissait que la technique imparfaite de l'époque préfranconienne, en donne un texte assez confus. Voici l'indication de quelques chansons de ce manuscrit, très précieuses pour la thèse que nous soutenons : la mensuration en est évidente et la lecture assurée.

Apris ai qu'en chantant plour (IIe mode), fol. 10 v°.
Au comencier de totes mes chançons (IIIe mode), fol. 12 v°.
Au tans d'aoust que fuille de boschet (IIIe mode), fol. 13 v°.

(1) Peut-être même la réforme franconienne avait-elle eu lieu déjà que l'on notait encore avec un des systèmes plus anciens. Cela est vraisemblable : en matière de séméiographie musicale, la tradition est obstinée. Ainsi deux siècles après l'emploi de la diastématie, on se servait encore à Saint-Gall de la vieille écriture neumatique. Aujourd'hui même, les Arméniens de Venise n'ont point abandonné leurs anciens livres de chant, notés avec les neumes du XIIe siècle, parfaitement illisibles d'ailleurs, pour eux comme pour tout le monde.

De tous maus n'est nuns plaisanz (Ier mode), fol. 35 r°.
Dou très douz non a la virge Marie (VIe mode), fol. 36 v°.
De bone amour et de leaul amie (IIIe mode), fol. 41 r°.
En mai par la matinee (Ier mode), fol. 49 v°.
J'aloie l'autrier errant (IIe mode), fol. 57 v°.
L'an que fine fueille et flor (IIe mode), fol. 73 v°.
Par Deu, sire de Champaigne et de Brie (IIIe mode), fol. 96 v°, etc.

Les chansons de ce manuscrit sont classées par ordre alphabétique, sans noms d'auteurs. Ce *codex* appartient au treizième siècle. Nous en avons donné un fac-simile dans *Les plus anciens monuments de la musique française*, planche XI.

b) — Le manuscrit français 844 (R) contient deux chansons, l'une de Blondel de Nesle, *De la pluz douce amour*, fol. 142 v°, l'autre de Guillaume le Vinier, *Dàme des cius*, fol. 113 r°, la première en deuxième mode, la seconde en troisième, dont l'écriture, d'une autre main et dans une encre plus pâle que le reste du manuscrit, est proprement franconienne.

c) — Le manuscrit français 22543 du même dépôt, qui nous a conservé les mélodies d'un grand nombre de poésies de troubadours, est important à citer, car certaines parties de ce recueil, en particulier celle où se trouvent les compositions de Guiraut Riquier, font usage des ligatures de la théorie franconienne.

d) — Le manuscrit du séminaire de Soissons, qui renferme les chansons pieuses de Gautier de Coincy, en a quelques-unes, *Ave gloriosa virginum regina*, en 1er mode (fol. 1 r°) ; *Amours qui bien set enchanter*, en IIe mode (fol. 4 v° et 103 r°) ; *Royne celestre*, en IIIe, puis en Ier mode (fol. 5 r° et 102 v°) ; *Talenz m'est pris or en droit*, en IIIe mode (fol. 5 v°), etc., qui sont notées dans le système franconien.

e) — Les mélodies du « Jeu de Robin et Marion » dans le manuscrit français 25566 de la Bibliothèque Nationale de Paris. Publiées par De Coussemaker dans les *Œuvres complètes du trouvère Adam de la Halle* (1872). Fac-similé très probant dans *Les plus anciens monuments de la musique française*, planche XVII. Explications paradoxales de Riemann, *Handbuch*, pp. 279 et ss. Adam de la Halle, encore qu'on ignore les dates précises de sa naissance et de sa mort, dut écrire vers 1280 le « Jeu de Robin et Marion ».

f) — Les refrains intercalés dans le roman de « Renart le Noviel » et conservés dans les manuscrits français 25566 et 1593 de la Bibliothèque Nationale. L'œuvre de Jacquemart Gielée nous fait descendre jusqu'au dernier quart du treizième siècle.

g) — Les *Cantigas de Santa Maria* du roi de Castille, Alphonse X le Sage. Ce royal troubadour mourut en 1284. Trois manuscrits nous ont conservé la musique des *Cantigas*. L'un est à la Bibliothèque Nationale de Madrid, où il porte la cote 10069 : ce manuscrit serait contemporain du poète et porte des annotations, qui, au jugement des paléographes compétents, pourraient être de la main même du roi. Les deux autres sont à la bibliothèque du Palais de l'Escorial (j. T. 1, et j. G. 2) : ils ont été écrits également dans la seconde moitié du XIIIe siècle. Nous avons personnellement étudié ces trois manuscrits, qui sont le plus vaste répertoire de mélodies mesurées du moyen âge, et nous leur consacrons un article dans un des prochains numéros des *Sammelbände der Internationalen Musikgesellschaft* (1907).

h) — Les interpolations lyriques du « Roman de Fauvel » dans le manuscrit français 146 de la Bibliothèque Nationale de Paris. Il faut placer aux environs de l'année 1315 la rédaction de ce texte. Indépendamment des motets à deux et trois parties, il y a dans ce manuscrit des pièces monodiques, qu'une table ancienne, en tête du recueil, dénomme proses, lais, rondeaux, balades et refrains. Ces pièces ont un grand intérêt pour l'objet de notre étude : ce manuscrit nous donne dans une excellente notation mesurée un certain nombre de compositions monodiques, que nous possédons sous une forme incomplète et primitive dans les manuscrits de Paris, Bibliothèque Nationale, latin 15139, et Florence, Bibliothèque Laurentienne, XXIX, 1. Le « Roman de Fauvel » clôt la série des monuments de l'*ars mensurabilis* ancien : peu après les œuvres inspirées de l'*ars nova* de Philippe de Vitry ouvrent une ère nouvelle à la musique mesurée.

2° Ces textes, qui sont déjà une preuve positive de la mensuration des mélodies et qui vont si nettement à l'encontre du système de Riemann, auront-ils pour effet de confirmer ou d'infirmer les principes de transcription proposés par nous ? Or, nous pourrions les publier tous ici, et pas un seul de ceux que nous venons d'énumérer n'apporterait une note discordante. En effet, la théorie des formules modales, si importante dans la notation mesurée primitive, est commune encore à toutes les monodies de l'époque franconienne ; le premier mode mensuraliste, le second et le troisième sont aussi les plus fréquemment employés ; les équivalences, *equipollentie*, jouent toujours le rôle que nous leur avons déjà reconnu. Bref, la nature du rythme ternaire que, dans nos reconstitutions, nous avons affecté aux chansons de troubadours et de trouvères est bien la même que nous rencontrons encore dans les textes un peu postérieurs du système franconien.

Voici quelques exemples à l'appui de notre affirmation. Ils sont empruntés aux sources que nous venons de citer : ce sont des documents proprement franconiens. Ils appartiennent à l'état définitif, à la phase dernière de la notation mesurée.

⁂

Gautier de Coincy. Ms. du Séminaire de Soissons, fol. 4 v°.

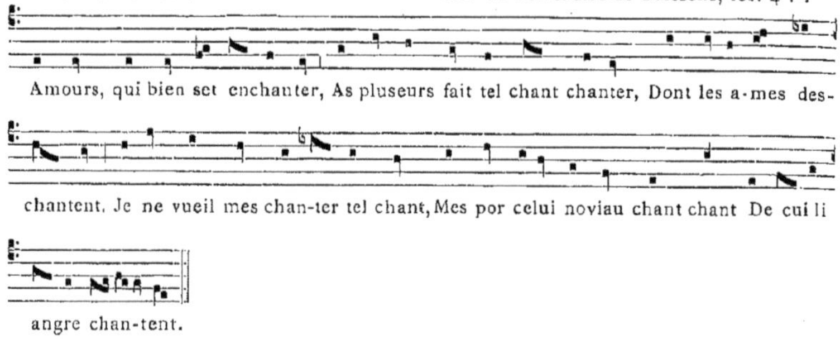

⁂

Renart le Noviel. Bibl. Nat., ms. fr. 25566, fol. 147 r°.

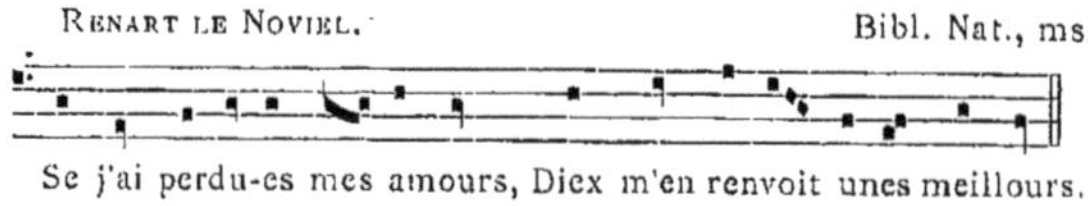

⁂

Estribillo de la CXXIV° cantiga
d'Alphonse le Sage. Escorial, fol. 174 v°.

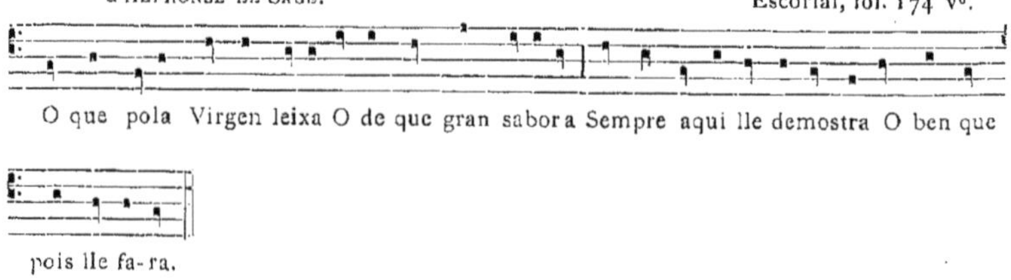

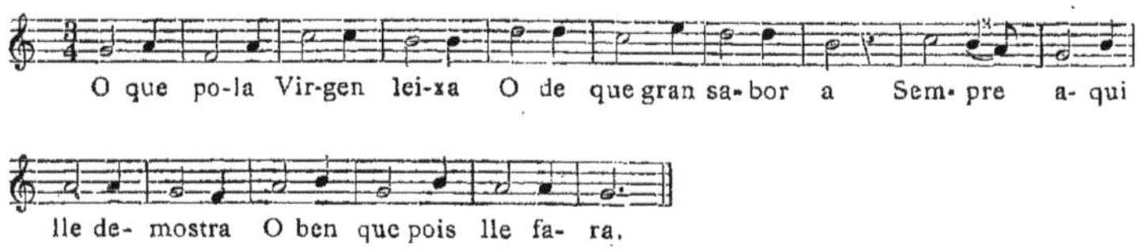

*
* *

ROMAN DE FAUVEL. Bibl. Nat., ms. fr. 146, fol. 3 r°.

*
* *

Quelle conclusion se dégage de tout cet ensemble de faits ? Il n'y en a qu'une, selon nous, mais elle est suffisante et elle est nécessaire : c'est la constatation d'une parfaite unité dans la pratique rythmique de la musique mesurée du moyen âge antérieurement à l'*ars nova* de Philippe de Vitry. Telle nous l'avons rencontrée dans la musique polyphonique, telle nous la rencontrons encore dans la monodie du même temps, attestée par l'écriture du document et, quand ce critérium positif fait défaut, affirmée par un rapprochement de textes rigoureusement concluant.

Nous rejetons donc complètement le système de transcription de M. Hugo Riemann, et sa mesure à 4 temps et sa phrase mélodique de 4 mesures. Ce système est commode dans la pratique ; il conduit à des transcriptions dont notre oreille moderne s'accommode avec agrément; mais cet éloge même fait la critique du principe, car le système de Riemann est en opposition avec tout ce qu'enseignent les théoriciens et les textes musicaux du moyen âge. Le treizième siècle a eu son esthétique : il y a danger à lui substituer la nôtre.

Poitiers. — Société française d'Imprimerie et de Librairie.

www.ingramcontent.com/pod-product-compliance
Ingram Content Group UK Ltd.
Pitfield, Milton Keynes, MK11 3LW, UK
UKHW032016260826
14628UKWH00006B/2516

9 782019 714277